1581.

RÉPONSE

AU

RAPPORT DE M. LE CURÉ DE CAMBLANES,

AU SUJET DES RÉPARATIONS DE L'ÉGLISE.

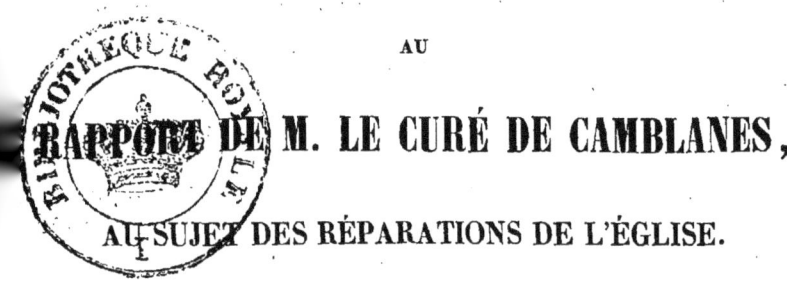

Dans ce rapport que l'auteur a adressé manuscrit à M. le Préfet de la Gironde, et imprimé aux habitans de Camblanes et des communes voisines, il se plaint avec amertume et peu de retenue de l'état ruineux de l'église, et ce, dans le but, d'abord, de ne pas donner les 2,000 fr. qu'il avait promis pour cette œuvre de restauration, et, ensuite, pour se venger sur ceux qu'il appelle ses *misérables calomniateurs*, de certains propos scandaleux qui se débitent dans la commune.

Voilà, je crois, le texte qu'il a développé avec autant de talent que peu de vérité et de calme.

Je ne répondrai qu'aux faits principaux, afin de ne pas fatiguer le lecteur par de minutieuses réfutations d'un factum de huit pages, où les erreurs et l'esprit de malveillance sont semés partout.

Et d'abord, il se plaint qu'on l'accuse d'être l'auteur des embarras financiers de l'administration, et de tous les désordres qui bouleversent la commune.

Suivant lui, la cause du déficit et de cet embarras financier est due à des travaux arbitraires, à la mauvaise direction de tous ceux qui ont été exécutés, à la prodigalité des matériaux, à l'inhabileté qui a présidé à leur emploi, à de fausses manœuvres dans les transports, à la vente à vil prix de bois précieux de démolitions.

A qui donc l'administration s'en prendrait-elle de cet embarras financier qui l'empêche de continuer les travaux de l'église et de

1846

les conduire à fin, si ce n'est à ceux là même qui refuse[nt de] s'acquitter des sommes qu'ils avaient promises, qu'ils a[vaient] souscrites pour leur exécution?

Vous refusez votre argent sous le prétexte que les tra[vaux] n'ont pas été conduits comme vous le désiriez; vous en ac[cusez] la mauvaise direction, vous criez à l'inexécution du plan[,] votre plan que vous dites ne plus reconnaître dans son éléva[tion.]

Je laisse à M. l'architecte le soin de prouver mathématique[ment] qu'il s'est renfermé dans la stricte exécution de ce plan, que [vous] lui avez proposé de suivre avec prière de ne pas s'en écarter.

Je dois dire seulement, à cette occasion, que c'est à tort q[u'on] met l'administration en jeu, lorsqu'à propos d'observations f[aites] sur le peu de hauteur des murs du sanctuaire, on fait di[re à] l'architecte « qu'il a reçu d'elle des ordres qu'il ne pouvait » freindre. »

De tels ordres ne pouvaient être donnés, car ce n'est pas l'[ad]ministration qui dirige les travaux, mais l'architecte qui [n'a] d'ordre à recevoir de personne en pareil cas, et dont le devoir [est] de faire exécuter le plan légalement arrêté et reconnu; elle [n'a] donc rien pu modifier, et l'accusation malveillante portée co[ntre] elle et l'architecte, tombe devant la preuve de bonne et fid[èle] exécution du plan.

Il n'est pas plus vrai que j'aie interdit toute surveillance [des] travaux à l'auteur de ces plaintes; seulement je lui donnai p[our] conseil, dans le principe, de ne pas se mettre autant en ava[nt,] afin de ne pas fortifier certains bruits qui le représentaient com[me] cherchant à dominer l'administration, m'empressant d'ajou[ter] qu'il ne serait rien modifié, le cas échéant, sans qu'il fût consul[té.]

Et une preuve que son droit de surveillance a été respect[é,] c'est qu'il s'est malheureusement manifesté et accompli da[ns] l'exécution, hors ligne, de ce mur de ronde qui joint les s[a]cristies, dans l'ouverture de cette large porte qui s'ouvre sur [le] bas-côté de Saint-Antoine et aux dépens de cet autel, au lieu [des] deux portes figurées sur le plan, et ouvrant dans le chœur; da[ns] ces marches circulaires qui forment le sanctuaire, et qui n'ont é[té] faites ainsi que pour placer des stalles réformées à Saint-Pierre[,] fort belles, sans doute, mais dont la hauteur et l'étendue s'ac cordent mal avec l'exiguité de notre église, ce qui réduit la parti[e] destinée au public à moitié de sa longueur totale, et lui donne u[n] aspect étrange auquel l'œil ne peut s'habituer; et M. le curé ap pelle cela une privation de ses droits? Tout le monde compren[d] qu'un sanctuaire doit être spacieux pour la dignité des cérémo nies; mais personne ne comprendra assurément que dans u[n] espace resserré comme l'est une église de village, ce lieu soit à lu[i] seul aussi vaste que le reste de l'édifice ; c'est, qu'on me permette l'expression, sacrifier l'utile à l'agréable, et forcer ainsi une partie de la population à rester en dehors du lieu saint.

Il m'est aussi reproché de n'avoir pas donné suite à l'idée émise dans son adresse au Conseil municipal, d'une commission mixte prise dans les deux administrations.

Cette tentative fut essayée ; mais le Conseil municipal la repoussa par la considération que l'initiative des réparations de l'église et du presbytère ayant été prise par la commune, et non par la fabrique, il ne jugea pas à propos de partager avec cette dernière administration son droit de surveillance.

Nous voici arrivés en présence de ce déluge de fautes qui nous sont reprochées avec une assurance et un luxe d'injures qu'on oserait à peine se permettre en plaidant la cause de la vérité, alors qu'aucune attaque blessante n'aurait donné le droit d'une légitime défense. Ce droit que vous n'aviez pas à l'égard d'une administration dont les actes étaient déférés au jugement de l'autorité supérieure, et sur lesquels vous vous êtes hâté de prononcer une culpabilité avant l'arrêt attendu qui les a sanctionnés ; ce droit que vous vous êtes illégalement, monstrueusement arrogé, vous nous le donnez pour vous répondre. Tranquillisez-vous, toutefois, je n'en ferai qu'un usage modéré que vous ne devrez attribuer qu'au respect profond que je porte à la religion et à vos supérieurs.

A vos injures je réponds :

Non rien n'a été exposé au pillage, comme il vous plaît de le dire. Le bon bois de démolition qui n'a pas été employé dans la reconstruction a été mis en réserve chez les dames Dupuch. Le mauvais seulement, qui était brisé ou vermoulu, a été vendu comme bois à brûler. Les personnes qui l'ont acheté pourront attester qu'il n'était pas propre à d'autre usage. Celui que vous dites avoir servi à bâtir des lieux immondes n'existe que dans votre imagination, et le mot béni, que l'on emploie, n'est qu'une fable inventée pour faire de l'effet sur les esprits timorés. Allez voir de plus près, et vous acquerrez la certitude qu'il n'y a rien de l'église dans cette construction.

Les carreaux brisés, que vous signalez, l'ont été, en partie, en les détachant du sol, malgré toute la précaution qu'on ait prise. M. l'adjoint lui-même s'en est occupé, afin d'en conserver le plus possible d'entiers : le plus grand nombre pourra servir pour les bas-côtés de l'église. Quant au cimetière couvert de ruines, c'est au manque d'argent qu'il faut en attribuer l'aspect affligeant, et par suite, à ceux qui font défaut de s'acquitter. L'entrepreneur de la maçonnerie qui, aux termes du cahier des charges, est tenu

de régaler les terres et laisser place nette, a refusé de r
cette partie de ses engagemens parce qu'il lui reste dû
plus de six mois une somme de 1,005 fr.

Il n'y a point eu de fausses combinaisons dans l'achat de
tériaux, ni de fausses manœuvres dans les transports, et
mettons au défi ceux qui voudraient le faire croire d'ache
faire rendre à plus bas prix.

Heureusement pour nous que nos chiffres ci-après, aux
nous renvoyons le lecteur, pourront le mettre à même d
convaincre et d'apprécier la valeur de ces accusations c
toutes nos opérations ; il verra, sans effort d'esprit, que t
les parties de notre gestion sont justifiées ; qu'il n'y a nulle
ainsi qu'on s'efforce de le dire, confusion, prodigalité, gaspi
tout cela débité avec l'accent de l'indignation, à dessein de
duire de l'effet à la veille des élections. Au reste, voici la
réponse raisonnable que nous puissions faire à nos détracteu

L'économie, les intérêts de la commune ont présidé à tou
actes ; des traités réguliers lient tous les entrepreneurs et f
nisseurs : ils ont eu lieu, la plupart, à la suite d'adjudicatio
rabais ou à la moins dite ; aucune somme n'a été payée
quittance, aucune recette effectuée sans enregistremens.
voulez-vous de plus ? Ah ! je le sais. Je pourrais vous répon
vous avez un amour effréné de la critique pour tout ce
n'émane pas de vous ; ainsi ce surhaussement du clocher, ce
cheton ne peuvent trouver grâce à vos yeux. Pour vous f
taire, il faudrait vous laisser le maître......

Alors ces comptes que vous présentez comme hérissés de d
cultés inextricables, lorsque vous savez bien que la commissi
sur ma demande de les vérifier, ne s'y est refusée que parce
j'exigeais qu'ils le fussent à la mairie et non ailleurs, n'aura
pas appelé votre critique et les soupçons injurieux que vous fa
naître sur la probité du comptable ; ces comptes, si confus
impénétrables, ont été vérifiés sans peine par une autre comm
sion, par d'autres hommes qui n'ont pas fait difficulté, eux,
venir à la mairie, et n'en ont pas fait une question d'amo
propre comme les premiers.

Mais vous avez beau vous débattre, vos coups sont impu
sans ; vous luttez contre un homme qui n'est pas exempt de co
mettre des erreurs, sans doute, puisqu'il est homme, mais
n'en a jamais commis qui entraînent la perte de l'honneur : m
antécédens répondent pour l'avenir.

Que voulez-vous, que demandez-vous ? Que justice vous s
rendue ? mais pour quel tort ? Est-ce pour la privation de vot
église ? eh bien ! mettez-vous d'accord avec vous-même, ne ref

ez pas l'argent que vous avez si solennellement promis pour cette
[f]in, et surtout ne venez pas par une dérision inouïe demander,
[a]u nom de la fabrique, que la commune comble le découvert causé
[p]ar votre refus. Ainsi, vous le voyez, le déficit que vous impu[t]ez à tort aux fautes de l'administration, c'est vous qui le créez.
Encore une fois, payez et l'église sera promptement rendue au culte.

Est-ce pour les propos scandaleux qui circulent dans le public? Autant que vous je les déplore et voudrais les épargner à une commune aussi morale, aussi religieuse que celle que j'ai l'honneur d'administrer.

Mais enfin à qui vous en prenez-vous, monsieur le curé, de ces désordres qui datent de loin? Serait-ce à l'administration présente; la rendriez-vous solidaire de ce qui s'est dit sous les précédentes, ainsi que vous le laissez croire à propos de l'existence dans la commune d'une nouvelle institutrice communale? Eh que peut l'autorité contre de vils anonymes?

A propos des dernières ressources de la caisse municipale, je dois vous sortir de l'erreur dans laquelle vous paraissez être.

L'église n'est pas le seul bien que nous ayons à soigner; l'instruction religieuse n'est pas la seule éducation de l'homme, elle est le corrolaire de l'éducation civile, et les fonds appliqués à celle-ci ne peuvent être mieux employés. Il ne faut donc pas regretter pour votre église les ressources que la commune affecte à l'instruction civile de ses enfans.

D'ailleurs, pourquoi voir dans cet établissement nouveau deux camps ennemis, comme vous le dites? Moi, je n'y vois qu'une concurrence utile, salutaire. Faites comme moi, ne prenez parti pour aucune à l'exclusion de l'autre, visitez-les toutes deux, prêchez la concorde et l'union et vous verrez sous peu toute haine disparaître et l'ordre régner à sa place; vous n'aurez plus occasion de la craindre, alors que ne vous occupant que du saint devoir de votre état, vous ne verrez plus dans vos paroissiens que des frères et des amis à édifier, à consoler et à instruire.

Ici, je dois vous le dire, pour un homme qui a une intelligence si élevée, une raison si éclairée, une fermeté si digne, vous êtes bien accessible aux moindres confidences, et vous donnez comme chose irrécusable des bruits qui n'ont souvent d'autre fondement que la langue qui les a débités; vous partez de là pour accuser légèrement.

C'est ainsi que, sur le rapport d'un de vos amis, qui peut lui aussi n'être pas exempt d'erreur ni de passion, vous écrivez une accusation hasardée contre un homme qui partage les fonctions administratives, et non content de dépeindre cet homme comme un

esprit odieux, vous prenez l'autorité à partie, vous lui prêtez le[s]
mes sentimens, les mêmes vues. Quoique caché, votre but s'[aper]
çoit : vous tendez à faire croire à la persécution, vous vous prés[entez]
comme une victime de la haine administrative. Ce rôle n'es[t pas]
nouveau ; vous avez agi de la sorte avec les administrations [pré]
cédentes.

Quelle est donc enfin cette accusation infamante qui pès[e sur]
vous? qui la produite? où sont vos preuves? Encore une in[con]
séquence à relever ici : Vous flétrissez, avec raison, les insi[nua]
tions comme des traits empoisonnés lancés par une main lâc[he ;]
à l'instant vous tombez dans le même excès.

Cependant cet homme que vous cherchez à flétrir en le pré[sen]
tant à l'opinion publique comme animé contre vous d'une h[aine]
injuste, n'a-t-il pas le droit de vous demander compte de v[otre]
attaque furibonde, calomnieuse? car ce n'est pas un misérable
vagabond, un aventurier, un homme de rien; c'est au contr[aire]
un bon citoyen, un bon père, un bon époux, dont la famille [an]
cienne dans le pays compte des hommes éminens par leur fort[une,]
leurs vertus, leur position sociale, et dont l'un, entre autre[s, est]
une des gloires de l'état ecclésiastique.

Mais comment avez-vous été reçu par cette famille à votre [ar]
rivée dans le pays? M.lle Dupuch l'aînée, sainte fille, dont la p[iété]
douce et solide, attachée depuis longues années à soigner le li[nge]
des autels, qui a continué cette pieuse fonction pendant les p[re]
mières années de votre sacerdoce à Camblanes, et M.me Maur[,]
sa sœur, n'ont-elles pas été pour vous d'un secours aussi gr[and]
que désintéressé? Cet homme, leur frère, que vous attaquez si v[io]
lemment aujourd'hui, n'était-il pas alors votre meilleur a[mi ?]
Comment donc serait-il devenu votre ennemi implacable ap[rès]
vous avoir comblé de prévenances et de soins empressés?

Pour ce qui m'est personnel, ce qui est relatif à la part de soli[da]
rité que vous me faites dans cette accusation, je n'en dirai rie[n ;]
personne ne croira que j'aie voulu vous nuire, lorsque j'ai fait t[ous]
mes efforts pour éviter le scandale que la commune déplore. Vous [de]
vez vous rappeler que je vous ai donné à cet égard, dans une au[tre]
circonstance, de sages conseils que vous n'avez pas jugé à prop[os]
de mettre à profit. Il ne doit pas en être ainsi pour ce qui regar[de]
l'administration : il faut vous rappeler un fait qui prouve que vo[us]
devriez être plus sobre du mot arbitraire, puisque vous ê[tes]
tombé, vous, dans un arbitraire bien grave, tandis que je n'en [ai]
commis aucun en administration. Mais vous, n'avez-vous pas f[ait]
dans la commune de Meynac une plantation de croix sans ma pa[r]
ticipation, sans que vous ayez daigné m'en informer d'aucu[ne]
manière?

Ceci répond à l'article ironique de votre rapport, quand vous ites n'être pas jaloux de la puissance municipale, et n'être jamais orti de la limite de vos pouvoirs.

J'ai donc le droit de vous dire : parlez moins et agissez mieux ; espectez chez les autres ce que vous voulez que l'on respecte en ous. Après cela, dites bien haut que tous les torts sont de notre :ôté, et que pour nous réhabiliter, nous avons besoin d'une main .ecourable, que vous nous tendez avec un humilité et une grâce parfaites.

Pouvons-nous penser, en effet, que cette main nous soit amie, alors que, à l'instant même, elle vient de nous attaquer avec tant de violence, et de nous outrager dans ce que l'homme a de plus cher, sans réfléchir que prêtre de Jésus-Christ, votre mission est de souffrir avec résignation les injures mêmes qui pourraient vous être faites, afin de nous enseigner par votre exemple la divine morale de l'homme-Dieu ?

RÉSUMÉ.

Votre écrit est moins une justification qu'une suite d'accusations mensongères et calomnieuses contre l'autorité et l'administration de Camblanes.

Tous vos raisonnemens pour prouver qu'elle a pris le soin de vous délier de vos engagemens ne sont que des subterfuges et tombent devant la fidèle exécution de votre plan par l'architecte.

Le blâme dont vous cherchez à couvrir l'administration doit retomber tout entier sur vous qui êtes véritablement le principal auteur du déficit et par suite de l'état de désordre dans lequel se trouve la commune.

Mais, non content de chercher à échapper à vos promesses par des raisons spécieuses, vous demandez que la commune couvre votre refus en s'imposant de nouveaux sacrifices, et vous pressez l'autorité supérieure d'agir d'office dans le cas où elle chercherait à écarter vos prétentions injustes et folles, et pour mieux réussir dans ce dessein, vous cherchez à émouvoir les passions en vous offrant comme une victime de la haine administrative.

Vous vous posez en homme supérieur et d'une haute capacité, comme ayant des connaissances en architecture, et vous n'avez pas su comprendre un plan que vous dites avoir si long-temps et si péniblement élaboré.

Enfin, vous êtes, dites-vous, sans fiel et l'esprit à l'aise, tran-

quille alors que cependant vous vous montrez animé, tour[
du désir de vous venger.

Comment appelez-vous tout cela ?.... Serait-ce de la chari[

BRACHET,

Maire de Camblanes et Meynac.

(*Voir à la fin de ce mémoire les comptes des travaux de l'églis[
duits par M. le Maire, approuvés par le Conseil Municipal et s[
tionnés par le Conseil de Préfecture.*)

Les observations ci-après de M. Valance, architecte, charg[
la reconstruction de l'église de Camblanes, jettent une vive lum[
sur la question, et mettent à nu la pauvreté des argumens err[
de M. le curé. Il n'est personne qui ose soutenir, après avo[
cette pièce importante dans les débats, que l'administration m[
cipale ait quelque reproche à se faire dans la conduite des trav[
et dans tout ce qui a surgi de déplorable entre l'autorité civile
l'autorité ecclésiastique.

OBSERVATIONS de M. VALANCE sur le mémoi[
de M. le curé de Camblanes.

Sur l'invitation de M. le Maire de la commune de Camblanes, j'ai [
sisté aujourd'hui à la séance des délibérations à prendre sur les éco[
et divers autres objets, etc...

Quelques explications m'ont été demandées au sujet des trava[
que je dirige en ma qualité d'architecte pour la reconstruction de l'[
glise de cette commune ; je crois devoir les produire, puisque M. [
curé a trouvé *convenable* de dresser un mémoire *imprimé* par lequ[
il fait connaître au public que je n'ai pas exécuté avec *fidélité les pr[
jets* de reconstruction de ladite église *approuvés par M. le Préfet.*

Avant de passer à ma justification, il convient de connaître les a[
cusations :

Les voici :

« Et d'abord, attaquant la question capitale, la question des répa[
» rations de l'église, j'avoue qu'elle est loin de promettre la solutio[
» également économique et satisfaisante que j'avais annoncée, et qu'o[
» avait lieu d'attendre. Ce n'est plus qu'une entreprise ruineuse [
» avortée. Mais à qui la faute ? L'administration la rejette tout entièr[
» sur le plan et sur celui qui l'a proposé. Ah ! plutôt, que ne s'avoue[
» t-elle seule coupable ?

» Ceci est tellement vrai, que six blocs de pierre d'un grand prix, destinés à ajouter à l'élévation de ces mêmes colonnes, n'ont pas rempli leur destination, et, mutilés qu'ils sont, vont disparaître au-dessus de la voûte.

» Veut-on une nouvelle preuve de la prétendue fidélité avec laquelle on a suivi les idées que j'avais données ? M'étant permis un jour de faire observer à M. l'architecte, par l'organe de l'entrepreneur, que les murs du sanctuaire, que l'on disait terminés, et qui ne l'étaient que trop réellement, n'avaient pas atteint la hauteur de mon plan, qu'il manquait au moins un mètre à leur élévation, M. l'architecte répondit *qu'il avait reçu de l'administration des ordres qu'il ne pouvait enfreindre.*

» Ainsi donc, Monsieur le Préfet, l'administration s'est permis de
» modifier, selon son caprice, un plan arrêté d'avance, et, chose
» étrange ! M. l'architecte a consenti à jouer ce rôle secondaire. Donc,
» le plan qu'on a suivi n'est pas mon ouvrage.

» Le serait-il devenu par cela seul que j'en aurais surveillé l'exécu-
» tion ?

» Mais qui ne sait que cette surveillance m'avait été formellement
» interdite ? M. le Maire aurait-il oublié l'espèce d'ordre qu'il m'in-
» tima dès le principe. »

« On reconnaît que l'*exécution* du plan par terre *est bien celui du*
» *projet* ; mais que celui en l'élévation n'y ressemble nullement ; que
» cette église est écrasée sur le sol, que les colonnes n'ont pas la hau-
» teur qu'elles devraient avoir ; à cet égard on fait remarquer qu'il
» existe des tambours en pierre dure brute au dessus des chapiteaux
» qui n'ont aucun but ; que la charpente est trop faible, que le pas-
» sage servant de communication entre les sacristies est trop bas ;
» que les arceaux souterrains qui relient les fondations des piles sont
» inutiles ; que le sanctuaire est écrasé, etc., etc. »

Dans le résumé de ce mémoire, on propose comme moyen de *conciliation* « : 1.° A M. le Maire et à son Conseil municipal de payer les
» sommes qu'ils peuvent devoir jusqu'à ce jour, par tel moyen
» qu'il leur plaira d'employer ; attendu que puisqu'ils n'ont pas exé-
» cuté fidèlement le projet, eux seuls doivent pourvoir à cette dé-
» pense ;

» 2.° Qu'ils remettront à l'auteur du mémoire les 4,000 fr. alloués
» par le Gouvernement ;

» 3.° Que l'architecte sera prié de se retirer, attendu qu'il s'agit
» de travaux intérieurs que l'on peut faire sans son concours ;

» 4.° Que dans le cas où, mettant tout *amour-propre* de côté, on ac-
» cepterait ces propositions, l'auteur du mémoire promet qu'avec le
» concours d'entrepreneurs capables il fera finir les travaux d'une
» manière convenable et à la satisfaction de tout le monde, et qu'alors
» au moins il aura le bonheur de terminer sa chère église. »

Voilà l'exposé succinct de ce mémoire ; j'espère que je n'ai pas affaibli la force des accusations ; on peut le résumer en deux mots : Payez ce que vous avez exécuté jusqu'à ce moment ; donnez-

moi votre argent vous, autorité civile, retirez-vous ainsi qu[e]
architecte, n'y mettez pas d'*amour-propre*. L'auteur ne dit [pas qu'il] consultera M. le Préfet sur l'emploi des 4,000 fr., ni même si l[e con]trôleur chargé de les payer devra le faire sur les comptes régl[és par] lui; mais par cela seul que dans le mémoire il n'en est pas que[stion,] on peut sans injustice présumer que l'on se passera de ces aut[orités] comme des autres.

Ces propositions sont-elles admissibles ? C'est une question [qui] me regarde qu'en ce qui me concerne; pour le reste, M. le Ma[ire et] son Conseil municipal y feront telle réponse qu'ils jugeront con[venab]ble.

Pour en finir en ce qui me concerne, et avant de répondre au[x ac]cusations de n'avoir pas exécuté le projet approuvé, je dirai à [l'au]teur du mémoire que j'accepte sa proposition de me retirer aux [con]ditions suivantes : MM. Périer frères, qu'il cite dans son mémoi[re et] que je reconnais pour des entrepreneurs capables et pour des [hom]mes honorables, seront chargés de vérifier si j'ai exécuté fidèleme[nt le] projet approuvé, et dans le cas d'affirmation de ces Messieurs, je [con]sens à me retirer, pourvu : 1.° que je sois payé immédiateme[nt de] mes honoraires sur les travaux de l'église faits jusqu'à ce mom[ent;] 2.° de mon rapport-devis dressé en vertu d'un arrêté de M. le Pr[éfet] du 28 août 1844, et 3.° d'une juste indemnité pour les travaux à [exé]cuter portés dans mon devis, que MM Périer fixeront eux-mê[mes.]

Mais comme il se pourrait que les propositions faites dans ce der[nier] mémoire ne soient pas plus oiseuses que celles qu'il a déjà adres[sées] dans un imprimé au Conseil municipal et à M. le Préfet pour les [prier] de faire commencer les travaux sans attendre la subvention du G[ou]vernement; attendu, disait-il, qu'il y avait une souscription mon[tant] à environ. . . . . , ... F. 2,0[00]

Que la fabrique donnerait une somme de. . . . . » 1,0[00]

Et qu'il avait dans ses mains pour cet objet la somme de.. 2,0[00]

ENSEMBLE. . . . . . F. 5,0[00]

Il résulte que l'on devait payer les travaux de la première adju[di]cation avec ces sommes disponibles, et que la subvention des 4,000 [fr.] alloués ferait face aux autres travaux à exécuter et qui devaient fa[ire] l'objet d'une nouvelle adjudication.

Lorsqu'il a fallu payer les adjudicataires, a-t-on pu le faire ainsi q[u'il] avait été convenu ? Non, car M. le Maire, après avoir épuisé l'arg[ent] provenant des souscriptions, a adressé une demande à la fabrique [qui] a répondu qu'elle ne paierait qu'à la fin des travaux; quant à l'auté[ur] du mémoire, mis en demeure de remplir son engagement, il s'y est [re]fusé sous le prétexte de la non-exécution du plan approuvé : de c[es] déceptions il est résulté que M. le Maire et son Conseil municipal [se] trouvant en face d'engagemens sérieux pris par eux en adjudicati[on] publique, n'ont pu y satisfaire et que depuis cette époque les trava[ux] sont suspendus.

Du moment que l'on se dispense de remplir un engagement sans lequel M. le Préfet n'eût pas autorisé la première adjudication, j'ai lieu de penser qu'il n'y a rien de bien sérieux dans les propositions du nouveau mémoire, et dans cette persuasion, il convient pour ma justification que je fasse l'historique des faits qui se sont passés entre l'auteur du mémoire, la commune et moi, afin de provoquer par la publicité une réparation en prouvant que j'ai fidèlement exécuté les plans et devis approuvés.

HISTORIQUE DES FAITS.

M. le Préfet, par son arrêté du 28 août 1844, me donna mission de faire un rapport-devis sur les dépenses nécessaires et urgentes pour la consolidation de l'église de Camblanes telle qu'elle existait alors, m'invitant à ne pas m'occuper, sous aucun prétexte, d'augmentations ou reconstructions quelconques : par le même arrêté, j'étais chargé de faire un devis des réparations demandées par M. le curé pour le presbytère; le 27 septembre suivant je remis mon rapport à M. le Préfet; quelque temps après, l'auteur du mémoire, muni des plans et devis dressés sur sa demande par MM. Périer frères, pria un membre du Conseil municipal d'appuyer les instances qu'il se proposait de faire auprès de M. le Préfet pour obtenir l'exécution de ces mêmes plans.

Le 19 janvier 1845, je reçus une lettre de M. Ducomet qui me priait de me joindre à lui pour partir de Bordeaux avec M. Blanchi, afin de nous réunir à Camblanes avec l'auteur du mémoire et M. le Maire pour causer sur les plans et devis faits et à faire au sujet de la reconstruction de l'église. Rendus sur les lieux, on me remit les plans et devis dressés par MM. Perrier, un plan de l'église telle qu'elle existait, et enfin un plan exécuté par l'auteur du mémoire indiquant les changemens qu'il se proposait d'apporter à celui de MM. Perrier ; j'ai entre les mains ces diverses pièces; je vais expliquer les changemens faits par l'auteur du mémoire.

Le plan Perrier indique des piles carrées, sur le nouveau ce sont des colonnes; le plan Perrier propose une porte donnant du sanctuaire dans l'ancienne sacristie, le nouveau, une sacristie de plus et une porte donnant dans le même sanctuaire, et enfin par suite des demandes faites sur les lieux par l'auteur du mémoire, MM le Maire, Blanchi et Ducomet furent d'avis, *pour lui faire plaisir*, de supprimer les portes donnant dans le sanctuaire et de faire à la place un passage extérieur derrière ce sanctuaire pour servir de communication entre les deux sacristies; que ce passage aurait une porte de sortie, qu'on en établirait une au derrière de l'autel et une autre dans la chapelle de gauche pour le desservant Le 5 février 1845, je remis les plans et devis qui m'avaient été ainsi demandés; quant à la hauteur de l'église on maintint le devis Perrier qui indiquait que : Le mur latéral côté droit serait dérazé, c'est-à-dire démoli dans toute sa longueur sur une hauteur de $2.^m 66.^c$, afin de le mettre de niveau avec celui latéral côté gauche, maintenu dans sa hauteur pour les bas-côtés, et ces derniers et la nef devaient être recouverts par une seule et même charpente à deux eaux avec tuile creuse.

Nanti de toutes les pièces, persuadé qu'il était inutile de v⸺
des longueurs, largeurs, hauteurs, épaisseurs et des métrés fai⸺
des hommes capables, je fis mes plans et devis avec les change⸺
de reconstruction demandés et par conséquent de prix sur dive⸺
ticles.

Ce travail fut approuvé par M. le Préfet, le 5 mai 1845; mais ⸺
cette époque et comme mon devis portait le prix des travaux à ⸺
fournir, je fus invité par un billet écrit chez-moi par l'auteur du ⸺
moire, de faire un devis à la façon; la commune devant se charg⸺
la fourniture des matériaux; attendu, disait-il, qu'il était *déj*⸺
suré d'une bonne partie des pierres et du bois; enfin il ajoutait ⸺
allait s'occuper de faire éteindre la chaux, etc., et il me priait de ⸺
le cahier des charges.

Par un deuxième billet, l'auteur du mémoire m'annonce que ⸺
Préfet avait promis formellement à M. le Maire de l'autoriser à c⸺
mencer immédiatement les travaux jusqu'à la *concurrence de 6,00C*⸺
en attendant les secours du Gouvernement et l'ordonnance royale ⸺
devait permettre l'emprunt; nouvelle prière de tenir prêt le ca⸺
des charges relatif à cette première adjudication.

Jusqu'à ce moment, tout le monde est d'accord, les plans et devis ⸺
parfaits, il n'est pas demandé de dessin de coupe pour se rendre com⸺
de la hauteur de l'église, car tout le monde sait que le mur lat⸺
côté gauche sera maintenu, ce qui donne la hauteur des bas-côtés ⸺
comme selon le devis Perrier et le mien, l'église dans son entier ⸺
être recouverte par une seule et même charpente à deux eaux a⸺
tuile creuse, supportée par des fermes retroussées, il en résultait ⸺
demment que la hauteur de la nef par rapport aux bas-côtés ne p⸺
vait être que la différence qui existe par suite de la pente établie ⸺
tre le *tiers* et le *quart*, suivant les règles de la construction; de te⸺
sorte que le milieu de la nef étant à neuf mètres environ des m⸺
extérieurs des bas-côtés, il doit y avoir une pente au plus de tr⸺
mètres, sur laquelle il faut déduire la hauteur du poinçon et ⸺
faux entrait ou moises, on aura pour reste *deux mètres* de plus po⸺
la nef que la hauteur des bas-côtés: ainsi si ces derniers ont six m⸺
tres, la nef doit en avoir huit. Cette charpente a été exécutée en pr⸺
nant le tiers pour la hauteur de la pente: j'ai donc pris la plus gran⸺
hauteur *possible*, et il m'a fallu par suite de cela faire caler la tu⸺
pour qu'elle ne glisse pas.

J'abjure ici MM. Perrier frères de répondre à ce que je vie⸺
d'expliquer, si j'ai raison ou tort, et si je pouvais donner plus ⸺
hauteur à la nef avec ce mode de construction indiqué par le⸺
devis et le mien; j'espère qu'ils ne refuseront pas de dire *oui* ou *no*⸺
et je leur déclare que, si par considération pour l'auteur du mémoir ⸺
ou pour tout autre personne que je ne veux pas nommer, ils gardaie⸺
le silence; alors si je n'accuse dans ce moment l'auteur du mémoir ⸺
que d'*ignorance en construction*, il ne pourrait pas en être de mêm⸺
de ces messieurs; et pour le prouver je ferais un appel à tous le⸺
hommes qui professent comme architectes, entrepreneurs ou char⸺
pentiers, afin de déclarer s'il était possible de donner plus de hauteur ⸺

nef avec le mode de construction indiqué par le devis Perrier et le mien.

En réponse à ce que dit l'auteur au sujet des blocs bruts qui sont au-dessus des chapiteaux des colonnes, je lui ferai remarquer que le devis Perrier comme le mien porte que les piles ou colonnes auront la hauteur des murs des bas-côtés, afin de recevoir le bout de l'entrait, car il serait d'une mauvaise construction de faire autrement; pour ce qui est d'élever les chapiteaux, cela est impossible, car ils sont de niveau avec le point de centre de la voûte de la nef qu'ils doivent supporter, et le devis Perrier comme le mien indiquent que les chapitaux des piles carrées seront à cette hauteur; car, je le répète, il est impossible de faire différemment.

Dois-je continuer à combattre des accusations aussi mal fondées? Faut-il que je dise à l'auteur du mémoire qu'il n'ignore pas que l'on a ramassé religieusement des ossemens sur plusieurs couches de cercueils dans l'intérieur de l'église, et que, peu satisfait de ce sol mouvant, j'ai cru utile de relier la fondation des piles non pas par des arceaux sonterrains, mais par des arcs à traits d'arbalète, mode de construction le moins dispendieux : convient-il de dire que le passage entre les sacristies, fait en remplacement des portes donnant dans le sanctuaire, a assez de hauteur de 2.^{m} 50.^{c} ; en vérité je crois que mes réponses sont plus que suffisantes, même pour convaincre l'auteur du mémoire qu'il fait erreur, et que s'il n'a pas compris les plans proposés par lui ou sur sa demande, cela est fâcheux ; mais qu'il n'est pas juste de m'imputer cet état de chose, et qu'il y a presque du ridicule dans la supposition que l'on fait que je ne m'y suis pas conformé.

L'accusation la plus singulière est celle où l'on dit que l'exécution ne ressemble pas au plan d'élévation, tout en reconnaissant que le plan par terre est exact; m'a-t-on jamais remis ou demandé ce dessin? et pourquoi faire d'ailleurs, puisque la hauteur à donner à l'église était fixée par les murs maintenus et ceux à démolir, ainsi que par la forme de la charpente; cependant il y a encore une erreur, car un dessin de coupe indiquant une ferme retroussée a été fait par moi, le 24 mai 1845, et déposé sur le bureau le 26 mai, jour de l'adjudication; ce dessin a-t-il été fait pour fixer la hauteur de la nef de l'église? non, il avait pour but de renseigner les charpentiers sur la construction des fermes retroussées à faire à la façon.

Ainsi que je l'ai expliqué au Conseil municipal, est-il nécessaire que je dise ici que l'on m'a fait refaire, d'après des notes portées dans mon cabinet par des hommes honorables, le chiffre total de mon devis pour qu'il ne dépassât pas la somme de **12,000** fr.; que l'on me dit de porter **1,000** fr. de plus sur les réparations du presbytère, ce qui serait employé dans l'église? non, car je l'ai dit plusieurs fois en présence de M. le Maire devant les personnes qui m'avaient demandé ces devis.

Doit-on dire qu'au lieu d'écraser le sanctuaire il est plus gracieux qu'il ne devait l'être, que n'ayant pas assez de tuile creuse pour le couvrir, nous nous sommes déterminé, avec l'approbation de M. le Maire, à faire une charpente plus coûteuse pour recevoir de la

tuile plate, et que par ce moyen il fera beaucoup plus d'effet lo:
aura été plâtré qu'avec 1 mètre de plus de mur; que le petit c
ton fait au-dessus de l'arc du sanctuaire n'a été exécuté que
qu'il y en avait un anciennement avec une cloche que l'on sup
que l'auteur du mémoire voulait conserver; enfin, pour en fini
toutes ces accusations, faut-il dire que lorsque l'on a voulu fa
réparation des pierres du clocher, on s'est aperçu que les arêtie
la charpente étaient pourris, et que force a été d'en faire une
qui a été comme le clocheton approuvée par le Conseil municipal

La dépense a excédé le devis, à ce que l'on dit; répondons
par des chiffres. Les comptes réglés s'élèvent ensemble pour la
çonne, charpente et couverture, à la somme totale de. 4,940 f.

Et les fournitures des matériaux faites par la commune à. 3,953

Ensemble. 8,894
Les 6 p. % d'honoraire pour l'architecte à. . . . 533
Droit d'enregistrement sur traités. . . . 20

Total. 9,448

Devis à tout ⎧ Maçonne.   5,724 70 ⎫ Ensemble.
fournir ou à la ⎨ Charpente. 3,465 » ⎬ 9,544 70   ci 10,082
façon.   ⎩ Couverture. 625 » ⎭
Les 6 p. %. d'honoraire pour l'architecte 570 70

Différence en moins. 633

Malgré une dépense de 1,500 fr. d'ouvrages avec fourniture en
non prévus dans le devis, si nous sommes resté en dessous de
chiffre dans l'exécution, il ne faut pas perdre de vue que l'on m'a
dit que la maçonne, charpente et couverture devaient faire l'objet
la première adjudication; dès-lors j'ai dû prudemment porter pour
travaux le chiffre réel et même avec prévision dans le devis de 12,000
tandis que sur les autres ouvrages je leur ai fait subir une réduct
au moins de 3,000 fr., afin de me renfermer dans le chiffre to
demandé.

Mais, à quoi bon relever toutes ces erreurs : est-ce que l'auteur
mémoire veut retenir 2,000 fr. qu'il avait en main pour cet objet:
mon Dieu non! L'auteur et ses partisans ne font de difficulté que pa
que l'on veut suivre *modestement* les *plans et devis approuvés* par
autorités et pour l'exécution desquels on n'a pas l'*argent nécessai*
Ils prétendent faire mieux, et pour cela on invite la commune
payer 4,000 fr. environ qu'elle doit, et à remettre à l'auteur du m
moire les 4,000 fr. du Gouvernement, de telle sorte qu'il est facile
faire dans ce cas le compte des ressources que ces messieurs pou
raient employer pour l'exécution du projet que je ferai connaît
après ce décompte. 1.º Les 4,000 fr. que paierait la commune po
libérer les travaux exécutés jusqu'à ce moment, supposons qu'elle

donne à l'auteur du mémoire pour remplir cet objet, soit 4,000 f. »
2.° La subvention allouée par le Gouvernement ci. . . . 4,000 »
3.° La somme promise par la fabrique ci. . . . . . . 1,000 »
4.° La somme portée en plus sur les travaux de réparation du presbytère. . . . . 1,000 »
5.° La somme versée dans les mains de M. le curé pour l'église. . . . . 2,000 »

          Total. 12,000 »

Voilà les ressources pour faire face aux dépenses que je vais expliquer :

Mais avant, voyons quelles sont celles de la commune pour exécuter le projet approuvé et voyons si elle pourrait lutter de munificence avec l'auteur du mémoire.

1.° La commune doit environ 4,000 fr. pour les travaux exécutés, et pour les payer elle a la subvention du Gouvernement, soit 4,000 »
2.° La somme promise par la fabrique ci. . . . . . . 1,000 »
3.° Quant à celle de 1,000 fr. portée en plus pour les réparations du presbytère, M. le curé et la fabrique exigent qu'elle soit employée pour cet objet, alors la commune a. . . . . 0,000 »
4.° M. le curé se refuse à donner les 2,000 fr., attendu que l'on n'a pas exécuté les plans approuvés (cela veut dire, attendu que l'on ne peut pas exécuter ses nouvelles idées); la commune reçoit donc sur cette somme celle de 0,000 »

          Total. 5,000 »

Voilà les ressources de la commune ; passons aux projets de l'auteur du mémoire.

Le but que l'on se propose est certes très-honorable, il en résulterait un intérieur d'église élégant et même riche, mais on s'y prend très-mal pour y parvenir ; comment peut-on proposer sérieusement à l'autorité de payer, de se retirer et de laisser faire? Cependant on le désire, pourquoi? parce que l'on aurait le plaisir de prouver en faisant des voûtes d'arêtes dans les bas-côtés avec pénétration dans la voûte de la nef, laquelle aurait des nervures avec des rosaces, accompagnées de pendentifs, cul-de-lampes, culots, etc.; le tout en brique et plâtre, que cela est plus riche que des plafonds droits pour les bas-côtés et qu'une voûte unie pour la nef, le tout en bois et plâtre, etc., proposé par les plans et devis approuvés.

Maintenant que j'ai fait connaître les projets de ces messieurs, un mot sur la hauteur de la nef de l'église ; l'auteur du mémoire a cité plusieurs fois comme point de comparaison la hauteur de la nef de l'église de Baurech et relativement à l'intérieur la grâce des voûtes, etc.; d'abord, il faut observer que cette église est classée parmi les monumens du moyen-âge, c'est dire assez qu'elle a été construite dans le style gothique, avec flèche, etc. Hé bien! néanmoins, comparons les

hauteur des nefs! cette dernière église à *huit mètres quarante*
mètres, celle de Camblanes à *huit mètres*; les bas-côtés de Ba[urech]
6.ᵐ 50.ᶜ, Camblanes 6.ᵐ; en vérité est-ce une différence de 0.[   ]
et de 0.ᵐ 50.ᶜ qui peuvent faire dire que l'église de Camblan[es est]
écrasée, non; mais la vue trompe, car on aperçoit toute la char[pente]
dans cette dernière église, et cela l'écrase, ce qui n'est pas favo[rable]
pour juger la hauteur de la voûte de la nef puisqu'elle n'est pas [faite.]
Quant à la voûte de la nef de Baurech, elle est toute unie et en [plein]
cintre, ce qui est disgracieux avec l'arc ogival du sanctuaire; ce[lle de]
Camblanes doit être semblable, mais elle fera mieux avec l'a[rc]
circulaire du sanctuaire; enfin les bas-côtés de Baurech sont à v[oûte]
d'arête en *pierre*, là il ne nous est pas possible de comparer des [pla-]
fonds en plâtre; aussi l'auteur du mémoire veut-il copier ces v[oûtes]
et faire beaucoup mieux pour la voûte de la nef de Camblanes [en]
vérité, quand on a des idées grandioses, il est fâcheux d'être a[rrêté]
par les proportions d'un monument de campagne.

Tout le monde a vu comme moi les stalles qui proviennent de l'é[glise]
de Sᵗ-Pierre à Bordeaux, pour lesquelles on a disposé les marche[s du]
chœur afin de les recevoir et même en laissant un passage de 0.ᵐ [   ]
de chaque côté contre l'arc du sanctuaire, ce qui prend encore [   ]
d'espace dans la nef de l'église et en laisse fort peu aux paroissi[ens.]
Hé bien! tout cela a été ainsi disposé par l'auteur du mémoire; n'[est-]
ce pas là du grandiose? Supposez qu'il lui prenne fantaisie de f[aire]
l'acquisition d'une chaire semblable à celle de St-Dominique et [d'un]
autel en proportion, et vous comprendrez alors que l'église sera t[rop]
écrasée pour un pareil ameublement; l'église de Baurech ne pour[rait]
pas même le supporter avec ses 0.ᵐ 40ᶜ de plus en élévation; qu[ant]
à sa longueur et largeur elle est moindre que celle de Camblan[es,]
mais comme on ne me fait pas de reproche à cet égard il est inu[tile]
d'en parler.

Je m'arrête, car ma réponse est trop longue pour des accusati[ons]
si mal fondées, et il ne faut rien moins que les avoir vues imprim[ées]
pour que je me sois donné la peine d'y répondre autrement que verb[a-]
lement, ainsi que je l'ai fait devant le Conseil municipal.

A. VALANCE, *Architecte*,
Cours Champion, 16.

Bordeaux, le 1.ᵉʳ Juin 1846.

(17)

COMPTE DES RECETTES ET DÉPENSES *faites par le Maire de la commune de Camblanes et Meynac, concernant les travaux exécutés à l'église de cette commune, depuis juillet 1845 jusqu'à la fin de mars 1846.*

RECETTES.

Les Recettes effectuées sur l'état de souscriptions volontaires, montent à la somme de dix huit cent vingt-un francs, suivant détail ci-après, ci. . . 1,824 f. »

Reçu de MM.

Brachet, Maire.	100 f. »
Dupuch, Adjoint	50
Blanchy, Conseiller municipal	500
Ducomet, id. id.	100
Fortage, id. id.	30
Coudert, id. id.	50
St-Anac aîné.	30
St-Anac, Augustin.	5
Gax.	5
Bermond.	20
Rozat.	100
Labadie.	20
Bordes-Fortage jeune.	30
Bétus.	20
Loste, notaire.	100
Fonade, par les soins de M. Blanchy.	10
Boffinton.	50
M.ᵐᵉ V.ᵉ de Bergeron.	100
Buhan.	20
Demptos, Chéry.	60
Prades.	30
Solberg, Oscar, par les soins de M. Blanchy.	100
Guichard, id. id.	10
Delhom, id. id.	100
De Noaillan, id. id.	50
Morillot, id. id.	10
M.ᵐᵉ La Rogerie, id. id.	25
Les enfans de M. Blanchy.	25
Feuillet père.	15
Servent, tisserand	20
Jeandreau, Joseph.	5
Mirac, Jean, tonnelier.	5
Monbureau.	26

Somme égale, ci. 1,821 f. »

Recette provenant de l'emprunt fait à la maison Bermond, aux Chartrons, ci. . . . . 4,000 f. »

Recette provenant de la vente de vieux bois de démolition, mis au rebut et dont détail est ci-dessous. 88 25

TOTAL DES RECETTES OPÉRÉES, CI. . . . . 5,909 f. 25

(18)

Reçu de MM.
Clouet, Auguste.	7 f.	»
Julie Labaure.	5	50
Dupuch, François.	11	»
Eliot dit Lapelette	7	»
Marandet.	9	»
Julie Labaure.	4	»
Bertrand Robin.	6	25
Cazimir Duprat.	6	75
Jean Cousteaud.	7	»
Darthez, boucher	20	»
Dame Maurin.	4	75
Somme égale, ci. . .	88 f.	25

DÉPENSES.

Les paiemens faits sur les travaux exécutés s'élèvent à la somme de six mille quatre-vingt-dix-sept francs dix-sept centimes, *Savoir* : ci. . 6,097 f. 17

TRAVAUX DE MAÇONNERIE.

A M. Victor Binet, entrepreneur, pour premier quart,
26 juillet, ci. . . . . 650 f. »
Au même pour le 2.me quart, quittance du 22 août. . 650
Au même pour le 3.me quart, id. du 6 octobre. 650
                                                    ─────
                                                    1,950 f. »

Au même pour le surhaussement du clocher. . . . . 200 f. »
Au même pour la construction du clocheton 113 50
                                  ─────
                                  313 f. 50   313 50

FOURNITURES.

A M. Dufour, pour prix de pierre dure
  pour les colonnes. 1,055 88
A M. Rozat, pour prix de 1,694 pierres
  tendres. 543 64
A M. Rambeaud, pour prix de 500 pierres tendres. . . . . 156 »
                                  . . . . 1,755 52

TRANSPORTS.

A Basterre pour transports de pierre. . 214 30
Au même pour   id.   de sable. . 80 50
A Daguet, pour   id.   de pierres. . 184 50
A Corval, pour   id.   d'eau. . . 12 50
A Boret, pour   id.   id. . . . 19 50
A Tria, pour   id. fournit. de sable. 35 »
A Couta. Rémi,   id.   id. . 4 50
                                  ─────
                                  . . . . 547 80

A Reporter. 4,566 82

Report. . . . . . 4,566 f. 82

CHARPENTERIE.

A Mérigon, pour le 1.er quart de son entreprise.	500	»
Au même pour le 2.e id. id. .	400	»
Au même pour le 3.e id. id. .	200	»
	4,100	»
Au même pour à-compte sur la charpente du clocher.	250	»
	4,350	»
A Bret, pour refend de bois de démolition.	51	70

JOURNÉES.

A Jean Corval, pour journées employées à extraire le sable.	52	87
A Beaudet, pour journées employées à divers travaux.	55	10
	107	97
Total des sommes payées, ci.	6,076	49
Rapport des recettes opérées d'autre part, ci. .	5,909	25
Excédant des dépenses, ci.	167	24
Auquel excédant il faut ajouter pour droits d'enregistrement non rentrés au comptable. . .	20	68
Montant de l'excédant dont le comptable est en avance, ci.	187 f.	92

Le présent compte, montant en recettes à la somme de cinq mille neuf cent neuf francs vingt-cinq centimes; — En dépenses, à celle de six mille quatre-vingt-dix-sept francs dix-sept centimes, est certifié sincère et vérifable, par le Maire soussigné.

Camblanes, le 8 avril 1846.

BRACHET.

Situation des Travaux exécutés à l'église de Camblanes, paiemens faits, et sommes restant dues sur ces travaux.

Travaux de Maçonnerie.

Ces travaux, adjugés au sieur Victor Binet, s'élèvent, rabais déduit et pour la main-d'œuvre, seulement à la somme de.... 2,450 f. »
Ceux effectués par lui, suivant son compte arrêté par l'architecte, à. 3,268 74

Différence en plus. 818 74

Cet excédant est justifié comme suit :
Travaux compris au devis : — Excédant de
    toisé. 393 82
  id. non compris au devis : —Surhaus-
    sement du clocher. . . . 200 f. » ⎫
  id. non compris au devis : — Cons-   ⎪
    truction du clocheton. . . 113 50 ⎬ 424 92
  id. non compris au devis : — Pour   ⎪
    journées de manœuvre. . . 8 98 ⎪
  id. non compris au devis : —Pour   ⎪
    marches du sanctuaire. . . 102 44 ⎭

    Somme égale. 848 74

Travaux de Charpenterie et de Couverture.

Ces travaux ont été adjugés au sieur Mé-
rigon, savoir :
  Pour la charpenterie, à. . . . . . . 868 f. 50
  Pour la couverture, à. 265 50

        TOTAL. . . . 1,134 f. »

Ceux effectués par l'entrepreneur, suivant
compte arrêté par l'architecte. 1,672 18

     Excédant. 538 18

Lequel excédant est justifié comme suit :
Couverture du sanctuaire en tuiles plats... 50 f. » ⎫
Entablement pour l'église et les sacristies 27 60 ⎬
Fournitures de clous et pointes pour tuiles   ⎬ 138 18
plats et latte-feuilles. . . . . 60 58 ⎭
Charpente du clocher refaite en entier. . . . . 400 »

    Somme égale. 538 18

Fournitures faites par la commune à l'occasion des travaux ci-dessus.

Prix d'achats de la pierre dure pour les
colonnes, pavés et pierre tendre, suivant les
comptes, quittances, et traités des fournis-
seurs. . . . . 1,830 f. 52
  Prix de la chaux employée. . . . . 360 »
  id. de la tuile   id. 322 11
  id. du bois pour les charpentes. . 609 87
  id. pour sable et transports divers. 649 60
  id. des journées. 107 97
  id. des boulons pour les charpentes. 51 50
  id. de refend du bois de démolition. . 51 70

        TOTAL. . . . 3,953 f. 27

RÉCAPITULATION.

Travaux de maçonnerie.	F. 3,268 74
id. de charpenterie et couverture.	1,672 18
Fournitures.	3,953 27
	8,894 19
Honoraires de l'architecte, 6 p. 0/0.	533 65
Droits d'enregistrement non rentrés au comptable, sur traités.	20 68
Total de la dépense.	9,448 52
Rapport de la recette.	5,909 25
Différence. — Montant des sommes dues suivant détail ci-après.	3,539 27

A Messieurs :

Victor Binet, pour maçonnerie.	F. 1,005 24
Mérigon, pour charpenterie et couverture.	322 18
Buffeteaud, pour chaux et tuiles.	682 11
Haug, pour bois de charpente.	534 87
Broussignac, pour charrois de late-feuille, ch... 71 80 / lat... 75 »	146 80
Promis, pour pierre d'appareil.	45 »
Deysson, pour boulons.	51 50
Méric, pour pavés de l'église.	30 »
Valance, architecte, ses honoraires	533 65
Au comptable, pour avance.	187 92
Somme égale.	F. 3,539 27

Le présent État de situation est certifié sincère et véritable, par le Maire soussigné.

Camblanes, le 8 avril 1846.

BRACHET.

DÉPARTEMENT DE LA GIRONDE.

CONSEIL DE PRÉFECTURE

Extrait des registres des délibérations.

(Séance du 20 juin 1846.)

Présens: MM. le baron SERS, *Préfet du département de Gironde, Président;* BIGNON-ST-ROCH, CUSON, BOUCHEREA[U], BRUN, GUILLORIT, *Conseillers.*

LE CONSEIL DE PRÉFECTURE,

Vu le procès-verbal des adjudications consenties par M. [le] Maire de Camblanes, le 26 mai 1845, savoir: en faveur [du] sieur Binet pour les travaux de maçonnerie à exécuter da[ns] l'église de Camblanes, en faveur du sieur Mérigon pour les tr[a]vaux de charpenterie à exécuter dans la même église, en fave[ur] du même sieur Mérigon pour les travaux de couvertures, le[s]quelles adjudications ont été approuvées par M. le Préfet, [les] 15 juin et 30 mai 1845;

Vu le procès-verbal de l'adjudication consentie, le 8 ju[in] 1845, par M. le Maire de Camblanes, en faveur des sieurs Dagu[in] et Basterre, des transports de matériaux à exécuter pour l[es] réparations de ladite église, lequel procès-verbal a été approu[vé] par M. le Préfet, le 28 février 1846;

Vu le procès-verbal de l'adjudication consentie, le 8 mars 184[6], par M. le Maire de Camblanes, en faveur du sieur Ferrère, de[s] arbres, essence de noyer, à abattre dans le cimetière de ladi[te] commune, laquelle adjudication a été approuvée par M. le Pr[é]fet le 20 mars 1846;

Vu le compte des recettes et des dépenses faites par M. le Mair[e] de Camblanes, pour les travaux exécutés dans l'église de Cam[]blanes, depuis le mois de juillet 1845 jusqu'à la fin de ma[i] 1846, duquel il résulte que les recettes s'élèvent à 5,909 fr[.] 25 c., et les dépenses à 6,097 fr. 17 c.;

Vu les pièces justificatives produites à l'appui dudit compte;

Vu les délibérations prises à ce sujet par le Conseil municipa[l] de Camblanes, les 17 et 24 mai 1846, desquelles il résulte qu[e] ledit compte a été approuvé sur le rapport d'une commission qu[i] avait été spécialement chargée d'en faire l'examen;

Vu le renvoi fait au Conseil de préfecture par M. le Préfet;

Considérant qu'en percevant les fonds destinés à payer les ré-parations faites à l'église de Camblanes, et en acquittant le pri[x] e ces mêmes réparations, M. le Maire de Camblanes s'est constitué comptable, aux termes de la loi du 18 juillet 1837, art. 64 :

Considérant que le compte produit par M. le Maire de Camblanes, et duquel résulte que ses recettes s'élèvent à 5,909 fr. 25 c. et ses dépenses à 6,097 fr. 17 c. est parfaitement régulier et justifié par les pièces à l'appui ;

Qu'ainsi, c'est avec raison que le Conseil municipal les a approuvés par sa délibération du 24 mai dernier,

ARRÊTE :

Le compte produit par le sieur Brachet, Maire de Camblanes, le 8 avril 1846, est définitivement approuvé, et ledit sieur Brachet est déclaré créancier d'un solde de 187 fr. 92 c.

Signé au registre : le Baron SERS, *Pair de France, Préfet, Président ;* BIGNON-ST.-ROCH, CUSON, BOUCHEREAU, BRUN *et* GUILLORIT.

Pour copie conforme :

Le Secrétaire-général de la Préfecture :

Ch. DOSQUET.

Bordeaux, Imprimerie de P. COUDERT, rue Porte-Dijeaux, 43.

www.ingramcontent.com/pod-product-compliance
Lightning Source LLC
Chambersburg PA
CBHW060607050426
42451CB00011B/2132